L $^{27}_n$ 20359.

L'ORAISON FVNEBRE de Theophile.

Auec la deffence des Iesuites.

M. DC. XXVI.

L'ORAISON
FVNEBRE
de Theophile.
OV,
IVGEMENT SVR TOVT
ce qui s'est imprimé depuis sa mort,
auec la deffence des Iesuites.

CE n'est pas que ie vueille icy troubler le repos des morts, ny deschirer la renommee de ceux qui n'ont plus de deffences, & qui pour n'estre point au nombre des viuants doiuent estre exempts pour iamais de leur censure & de leur medisance. Ce n'est pas aussi que ie vueille auec pas-

A ij

sion deffendre la cause de ceux, qui pour auoir de la vertu s'attirent de l'enuie, ny soustenir les attaques ordinaires qu'on fait à la reputation de tout vn corps sous ombre de loüer vn particulier, il me faudroit auoir plus d'amour & de hayne pour faire l'vn & l'autre par excés. Le subiet que i'ay de blasmer est aussi puissant que celuy de deffendre, & comme ie ne sçaurois particulierement me plaindre du deffunct, aussi ne suis-ie point obligé de parler pour ceux là qui viuent que par charité Chrestienne, Tous les bien-faits que i'ay receus de ceste Compagnie ne seroient que trop recompensez par le moindre remerciement, & les obligations que ie leur ay sont si grandes, que ie croy les auoir mille fois sur-payees, en saluant seulement le moindre de leurs freres. Ie dis cecy pour vous faire cognoistre

que n'eſtant en aucune façon adhe-
rant à leurs opinions ny partiſan de
leurs deſſeins, & la cabale qu'on leur
impute m'eſtant encore plus inco-
gneuë que celle des Rabins, ie ne ſuis
picqué d'autre intereſt en ceſte cauſe
que du merite de la vertu : auſſi pro-
teſtay-ie preſentement, que ſi i'y
voyois de la diſſimulation & de la bi-
gotterie ie les deteſterois comme des
vices contraires à ma franchiſe & li-
berté, & ſi i'auois vne cognoiſſance
certaine de tous les crimes qu'on leur
impute ou qu'à tout le moins il y eut
de l'apparence, ie ſerois le premier à
declamer contr'eux, & à les charger
d'iniures & de maledictions. Mais cer-
tes, ie ſerois blaſmable ſi ie me portois
indiſcretement comme font la pluſ-
part dedans la meſdiſance, & ſi ie fai-
ſois des Satyres ſans fondement de ve-
rité, ou que par la relation d'autruy

sans autre asseurance que celle du vulgaire, ny d'autre certitude que celle des apparences trompeuses, l'interpretois en mauuaise part tout ce qui peut receuoir vn bon sens, comme font presque tous ceux qui se meslent d'escrire à leur desaduantage, dont les vns sont tellement preocupez de fausses opinions, les autres si fort animez contre la Religion qu'ils professent, quelques autres si picquez de leur propre interest, & d'autres encores tellement ignorás, qu'il ne faut pas trouuer estrange si les vns ou les autres ont tousiours quelque chose à dire : Mais bien souuent ils s'en acquittent auec si peu de grace & de raison, qu'ils semblent n'auoir autre dessein, que de faire gaigner les Imprimeurs, & declarer à tout le monde leur hayne ou leur impertinence. De ceste classe pourroient estre ceux qui nouuellement sur la mort de Theophile, ont trouué matiere de s'attaquer aux PP. Coton & Garasse & a toute leur Compagnie qu'ils ont iniurieusement voulu calomnier sous pretexte de quelque liures, dont les vns sont supposez & les autres mal entendus. Et veritablement le pauure Theophile auroit maintenant vn iuste suiet de se plaindre de ceux, qui pour publier ses loüanges sont contrains de mesdire d'autruy, comme s'il n'auoit pas assez de merites & de perfections pour seruir de matiere, sans qu'il fust necessaire de recourir aux imperfections imaginaires de ses ennemys. Aussi ne croy-ie pas qu'il approuuast non plus que moy, tout ce qu'on voit par les ruës, & ce qu'on publie dedans son Testament, son Ombre, sa Rencontre, & le Discours remarquable de sa vie & de sa mort, il reietteroit ces inuentions, & ces façons d'escrire comme plattes escolieres & pedentesques, il seroit fasché de ce qu'on le fait horriblement parler aux furies & leur dire que le P. Garasse leur est contraire, qu'il publie la sagesse à leur preiudice & qu'il renuerse toute leur grandeur & puissance, il ne voudroit pas qu'on le fit de la sorte partisan & solliciteur des Demons pour enseigner le vice & s'opposer à la vertu, il se plaindroit aussi de beaucoup de lieux ou on le represente comme vn Athee, encore qu'on aye dessein de le loüer, peut-estre feroit-il conscience de parler en mauuaise part du Pere Coton, dont la vie estoit exemplaire, la pieté grande, la douceur admirable, le iugement rare & l'eloquence parfaite, il ne permettroit pas qu'ô dit de sa part que les liures du Pere Garasse sont plus dangereux que le Rabelais ou les postures d'Aretin, d'Aretin : il ne voudroit pas qu'on mit en paralelle des œuures dont le suiet est diuin auec des impudicitez & boufonneries, il trouueroit peut estre luy mesme des excuses aux fautes qu'on impute à la somme Theologique, & loüant le zele de l'autheur il ne l'accuseroit pas d'auoir a dessein remply la Frāce d'erreurs, de monstres, & de fantaisies, & n'imputeroit pas aux bien-heureux vne resiouyssance de la censure de Sorbonne. Mais quoy ie me laisse insensiblement emporter dans vne Apologie, & comme si i'estois gagé pour cela ie soustiens vn party plus puissant que moy pour se deffendre s'il en est de besoin. C'est plaider vne cause sans procuration, & faire comme les Cheualiers de nos anciens Romants qui venoient au secours des Dames incogneuës & sans estre ap-

B

pellez, & fortoient du Tournoy fans leuer la vifiere. Il vaut bien mieux laiffer cefte charge à quelque autre qui s'en acquittera plus dignement que moy, & pourfuiure le difcours & le iugement que nous auons entreprins de faire de Theophile. Son nom, fon pays, fa condition, fon aduancement, la differente vie qu'il a menee, & la diuerfité des Religions qu'il a exercees font trop cogneuës d'vn chacun, pour m'arrefter fur vne longue & fafcheufe defcriptió. Ie me contenteray d'examiner les parties de fon efprit, & d'efplucher le mieux qu'il me fera poffible les aduantages qu'il auoit par deffus le commun & les deffauts auffi qui luy feruoient de contrepoids, & l'empefchoient de s'efleuer beaucoup. On ne fçauroit nier que des trois facultez de fon ame l'imagination eftoit la plus puiffante, & que s'il euſt eu du iugement à proportion, beaucoup de grands hómes ne l'euſſent ſuiuy que de loin, les œuures qu'il a faites & la conduite de ſa vie ſont des preuues fort aſſeurees de l'vne & l'autre de ces deux veritez, ſon imagination paroiſſoit dedans ces belles pointes & conceptions, qu'il mettoit en poëſie auec tant de grace & de naïfueté qu'on y recognoiſſoit plus de nature que d'artifice, ſes paroles eſtoient ſi recherchees, les termes ſi choiſis, & les penſees ſi rares qu'on ne pouuoit bien ſouuent rien adiouſter ny diminuer pour la perfection de ſes vers. Ie ne parle pas de toutes les pieces qu'il a faites ou qu'on a ſuppoſees, mais de celles ou veritablement il a pris de la peine & que l'on eſtime excellentes. Et comme ſon imagination eſtoit fort belle il a tres-heureusement reussi dans les pieces qui ne sont pas de longue haleine, & dans ceste menuë poësie qui ne demande pas beaucoup de iugement. Mais ceux qui le veulent faire passer pour vn homme sçauant & iudicieux n'ont pas bien pris la peine de considerer que ny sa prose, ny sa poësie, ny son entretien ordinaire, ny la conduite de sa fortune & de sa vie n'en rendent aucun tesmoignage. C'est de là que i'en veux tirer des preuues en peu de mots pour venir promptement à la fin. Ce qu'il a fait de l'immortalité de l'Ame tesmoigne qu'il n'auoit pas beaucoup de science & de iugement, puis qu'ayant esté chassé de la Cour comme vn Athée, il y vouloit r'entrer auec les discours & les raisons d'vn Payen, sans se mettre en peyne d'en chercher de meilleures, ses dialogues ne sont que des

bastons rompus & des extrauagantes
d'vn esprit à qui la Religion, les bon-
nes mœurs & la pieté desplaisent, ses
poësies bien souuent ne concluent
rien, & de beaucoup de pieces qu'il
a faictes, on peut dire que ce sont ri-
mes sans raison, i'ay veu de bós esprits
en peine de l'excuser d'vne Ode qu'il
a faict au Prince d'Orenge, & la plus
part de ses vers ne sont qu'vn agen-
cement de paroles & de cadances ri-
uees pour flater seulement l'oreille
sans plaire à la raison, en son entretien ordinaire il estoit tellement im-
perieux & superbe qu'il mettoit au
dessous du sien tous les meilleurs esprits du monde, ce qu'il ne pouuoit
point comprendre luy tenoit lieu de
sottise & d'extrauagance, vne fois
ie l'ay veu blasmer & dire des iniures
au Marquis Spinola, par ce qu'il ne
pouuoit entendre sa deuise, comme

si le iugement de ce grand homme eust esté moindre que le sien. Ie ne veux point parler de ces impietez ny des crimes dont on l'a iusqu'à present chargé, mais les opiniós qu'il a quelquefois souftenuës, & les impreſſions qu'il a donné de ſa creance par vanité par deſſein, ou par complaiſance ne font que voir trop clairement, qu'il n'auoit pas aſſez de raiſon pour eſtre homme puis qu'il ſe comparoit aux beſtes, & qu'il n'attendoit pas vne ſeconde vie. Mais peut-on voir de plus grandes fautes de iugement que celles qu'il a commiſes dans la conduite de ſa fortune, il faut veritablement du merite & beaucoup de bon-heur pour en venir ou il eſtoit allé, mais pour s'y maintenir il ne falloit que de l'art & de la prudence, a t'il eu l'induſtrie de ſe conſeruer ou gaigner par ciuilitez ceux qui luy pouuoient ayder ou nuire? N'a-t'il pas conuersé parmy les Princes & Seigneurs de la Cour, comme s'il eust esté leur compagnon? A t'il eu l'esprit assez bon pour ne s'approcher de son Maistre de plus pres que du feu? A t'il iamais par son iugement & par sa preuoyance cloüé la roüe de fortune pour s'arrester quelque temps en vn lieu? Comme on le poursuiuoit pour le mettre en prison a t'il eu l'esprit de fuir? Vn repas ne l'arresta-il point sur les bords de la France? A t'il iamais eu l'inuention de fleschir par quelques soufmissions feintes ou veritables ses Iuges ou ses parties. En vn mot a t'il iamais fait quelque action d'où l'on puisse tirer vne bonne preuue de iugement? Ses mœurs peuuent elle estre proposees pour vne regle de bien viure? Et de toutes

ſes vertus en pourroit on imiter vne
ſans blaſme ? Ie n'en diray pas d'a-
uantage & laiſſeray parler l'Epita-
phe que ie donneray cy-apres.

www.ingramcontent.com/pod-product-compliance
Lightning Source LLC
Chambersburg PA
CBHW060627050426
42451CB00012B/2472